COLLECTION CUISINE CONVIVIALE

30 recettes ch'ti et du Nord à la bière

Recettes : Sophie Rohaut - http://lostinmykitchen.blogspot.com
Photos : Sylvie Aït-Ali - www.amusesbouche.fr

EDITIONS ESI

60, rue Vitruve, 75020 Paris

Imprimé en France par POLLINA - L59519
© Éditions ESI - Dépôt légal : janvier 2012 - Achevé d'imprimer : décembre 2011- ISBN : 978-2-35355-900-8 - N° Sofédis : S482078

8

16

20

24

32

36

38

44

Cake à la bière, au jambon et à la moutarde

Préparation : 20 minutes • Cuisson : 45 minutes • Difficulté : ★ Budget : ★

Pour 6-8 personnes

- 3 œufs
- 150 g de farine
- 1 sachet de levure chimique
- 5 cl d'huile d'olive
- 10 cl de lait
- 5 cl de bière blonde
- 100 g de cheddar râpé
- 150 g de jambon fumé en dés
- 1 cuil. à soupe de moutarde à l'ancienne
- Sel

Préchauffez le four à 180 °C (th. 6).

Dans un saladier, fouettez les œufs avec la farine et la levure.

Versez l'huile d'olive, le lait et la bière. Mélangez. Ajoutez le cheddar, le jambon et la moutarde. Salez légèrement.

Versez la préparation dans un moule à cake.

Enfournez pour 45 minutes. Dégustez tiède ou froid.

Conseil : pour vos buffets ou apéros, mettez la préparation dans de mini moules à cake.

Carbonnade flamande

Préparation : 50 minutes • Cuisson : 3 h 30 • Difficulté : ★ Budget : ★★

Pour 6 personnes

- 4 oignons
- 2 gousses d'ail
- 40 g de beurre
- 3 cuil. à soupe de cassonade
- 1 cuil. à soupe de vinaigre de Xérès
- 3 cuil. à soupe d'huile d'olive
- 1,5 kg de viande à bourguignon dégraissée
- 2 feuilles de laurier
- 2 branches de thym
- 1 l de bière ambrée
- 4 tranches de pain d'épices
- 2 cuil. à soupe de moutarde
- 4 spéculoos
- Sel et poivre

Émincez les oignons et les gousses d'ail et faites-les revenir à feu moyen avec la moitié du beurre dans une grande cocotte.

Une fois les oignons translucides, versez la cassonade et faites caraméliser. Déglacez en versant le vinaigre. Réservez les oignons et l'ail caramélisés.

Dans la cocotte, déposez le reste de beurre et versez l'huile d'olive puis faites dorer les morceaux de bourguignon coupés en petits cubes. Salez, poivrez et ajoutez le laurier et le thym.

Ajoutez les oignons et l'ail puis versez la bière pour recouvrir la viande. Réduisez l'intensité de la cuisson et laissez mijoter à feu doux à couvert pendant 30 minutes.

Tartinez les tranches de pain d'épices de moutarde et déposez-les sur le dessus de la carbonnade. Laissez mijoter de nouveau à couvert pour 2 h 30.

Avant de déguster, parsemez la carbonnade de spéculoos émiettés.

Conseil : la carbonnade s'accompagne très souvent de frites.

HASSEUR

Clafoutis au jambon et à la mimolette

Préparation : 20 minutes • Cuisson : 40 minutes • Difficulté : ★ Budget : ★

Pour 4 personnes

- 125 g de farine
- 4 œufs
- 20 cl de bière
- 10 cl de crème liquide
- 200 g de jambon blanc
- 150 g de mimolette
- Sel et poivre du moulin

Préchauffez le four à 180 °C (th. 6).

Dans un grand saladier, mélangez la farine avec les œufs. Ajoutez deux pincées de sel et du poivre du moulin.

Versez ensuite la bière puis la crème liquide. Mélangez, puis ajoutez le jambon et la mimolette coupés en petits morceaux.

Enfournez pour 40 minutes de cuisson. Dégustez chaud ou tiède.

Conseil : vous pouvez remplacer le jambon par des petites crevettes grises.

Cocottes de poulet à la bière et au maroilles

Préparation : 20 minutes • Cuisson : 30 minutes • Difficulté : ★ Budget : ★

Pour 4 personnes

- 500 g de blancs de poulet
- 1 oignon
- 1 gousse d'ail
- 40 g de beurre
- 25 cl de bière blonde
- 150 g de maroilles
- Sel et poivre

Coupez les blancs de poulet en petits morceaux. Épluchez et émincez l'oignon et écrasez la gousse d'ail.

Dans une cocotte, faites dorer les blancs de poulet avec le beurre. Salez légèrement et poivrez. Ajoutez l'oignon et l'ail. Versez la bière, couvrez la cocotte et laissez mijoter 20 minutes.

En fin de cuisson, déposez le maroilles coupé en tranches et poursuivez la cuisson encore 5 minutes. Servez aussitôt.

Conseil : vous pouvez varier la recette en utilisant du lapin ou du filet mignon.

Gratin de chicons

Préparation : 25 minutes • Cuisson : 50 minutes • Difficulté : ★★ Budget : ★

Pour 4 personnes

- 8 chicons
- 1 gousse d'ail
- 150 g de beurre
- 1 cuil. à soupe de sucre
- 100 g de farine
- 80 cl de lait
- 20 cl de bière ambrée
- 8 tranches de jambon blanc
- 200 g de cheddar râpé
- Noix de muscade en poudre
- Sel et poivre

Coupez la base des chicons et évidez-les un peu pour retirer la partie amère. Rincez les chicons à l'eau et ôtez les premières feuilles si besoin.

Épluchez et hachez très finement la gousse d'ail.

Faites chauffer 50 g de beurre dans une cocotte, ajoutez les chicons et l'ail et saupoudrez de sucre. Laissez-les braiser à couvert pendant 15 minutes. Mélangez de temps en temps pour que les chicons caramélisent bien.

Égouttez les chicons et laissez-les dans la passoire.

Préparez la béchamel. Faites fondre le reste de beurre dans une casserole. Hors du feu, ajoutez la farine et mélangez bien pour former un roux.

Replacez la casserole sur le feu et ajoutez le lait et la bière. Remuez bien jusqu'à épaississement de la sauce. Salez, poivrez et ajoutez un peu de noix de muscade en cours de mélange.

Préchauffez le four à 180 °C (th. 6).

Roulez chaque chicon dans une tranche de jambon blanc et placez-les dans un grand plat. Versez la béchamel à la bière. Répartissez le cheddar râpé et enfournez pour 20 minutes de cuisson. Dégustez bien chaud.

Conseil : vous pouvez remplacer le jambon par des tranches de saumon fumé.

Lapin à la gueuze

Préparation : 15 minutes • Cuisson : 2 h 10 • Difficulté : ★ Budget : ★★

Pour 4 personnes

- 3 échalotes
- 2 oignons
- 50 g de beurre
- 2 cuil. à soupe d'huile d'olive
- 4 cuisses de lapin
- 4 râbles de lapin
- 50 cl de gueuze
- 50 cl de bouillon de volaille
- 12 pruneaux dénoyautés
- 6 spéculoos
- Sel et poivre

Épluchez et émincez finement les échalotes et les oignons.

Dans une grande cocotte, faites fondre le beurre, versez l'huile d'olive et ajoutez les oignons, les échalotes, les cuisses et les râbles de lapin. Faites colorer l'ensemble à feu moyen. Salez et poivrez.

Versez la gueuze et le bouillon de volaille afin de recouvrir le lapin. Couvrez et laissez mijoter 1 h 30.

Retirez les morceaux de viande et faites réduire le jus en augmentant la puissance de cuisson.

Ajoutez les pruneaux et replacez les morceaux de lapin. Faites chauffer de nouveau pendant 20 minutes.

Avant de servir, saupoudrez de spéculoos émiettés.

Conseil : des pâtes fraîches accompagneront parfaitement ce plat.

Magrets de canard à la Kriek

Préparation : 20 minutes • Cuisson : 35 minutes • Difficulté : ★ Budget : ★★

Pour 4 personnes

- 25 cl de Kriek
- 1 cuil. à soupe de confiture de cerises
- 1 cuil. à soupe de Maïzena
- 2 magrets de canard
- Fleur de sel et poivre

Préparez la sauce à la Kriek. Dans une cocotte, versez la bière, puis ajoutez la confiture. Portez l'ensemble à ébullition et faites réduire de moitié. Liez la sauce avec la Maïzena sur feu moyen. Réservez la sauce.

Entaillez la peau des magrets et placez-les côté gras dans la cocotte. Faites-les dorer à feu moyen (environ 6-7 minutes). Si besoin, récupérez et réservez l'excès de gras. Retournez les magrets côté viande, parsemez de fleur de sel et poivrez. Poursuivez la cuisson pendant 5 minutes.

Une fois les magrets bien saisis, découpez-les en tranches et placez-les sur une assiette.

Jetez le gras restant dans la cocotte, versez la sauce et déglacez à feu vif. Versez ensuite la sauce sur les magrets. Dégustez aussitôt.

Conseil : accompagnez les magrets d'une bonne purée de pommes de terre maison.

Moules à la bière

Préparation : 10 minutes • Cuisson : 20 minutes • Difficulté : ★ Budget : ★

Pour 4 personnes

- 2 oignons
- 3 échalotes
- 2 kg de moules
- 30 g de beurre
- 40 cl de bière brune
- 1 branche de thym
- 3 feuilles de laurier
- 250 g de crème fraîche épaisse
- Sel et poivre

Épluchez et émincez les oignons et les échalotes.

Lavez et grattez les moules.

Dans une grande cocotte, faites chauffer le beurre et faites blondir les oignons et les échalotes. Versez la bière et laissez évaporer l'alcool en augmentant la puissance de cuisson. Déposez la branche de thym et les feuilles de laurier. Salez et poivrez.

Ajoutez les moules, mélangez-les avec la sauce et couvrez la cocotte. Remuez de temps en temps jusqu'à ce que les moules s'ouvrent.

En fin de cuisson, ajoutez la crème fraîche et rectifiez l'assaisonnement en sel et poivre si besoin. Servez aussitôt les moules bien chaudes.

Conseil : les frites sont indispensables à l'accompagnement de ce plat !

Mousse de foies de volaille à la bière blonde

Préparation : 15 minutes • Cuisson : 25 minutes • Difficulté : ★ Budget : ★

Pour 6 personnes

- 3 échalotes
- 20 g de beurre
- 400 g de foies de volaille
- 25 cl de bière blonde
- 1 cuil. à soupe de cognac
- Crème liquide
- Sel et poivre

Épluchez et émincez les échalotes.

Faites chauffer le beurre dans une poêle et faites-y suer les échalotes. Ajoutez les foies de volaille et faites-les dorer. Salez et poivrez. Versez la bière et laissez-la s'évaporer grâce à une cuisson assez forte. Renouvelez avec le cognac.

Placez les foies dans la cuve d'un robot et réduisez-les en purée bien lisse. Ajoutez de la crème liquide pour une consistance plus ou moins liquide.

Répartissez la mousse dans un grand ramequin, lissez le dessus.

Réservez au frais avant de déguster.

Conseil : servez pour l'apéritif avec des petites tranches de pain grillé.

Œufs cocotte au maroilles et à la bière

Préparation : 15 minutes • Cuisson : 30 minutes • Difficulté : ★ Budget : ★

Pour 4 personnes

- ½ oignon
- 1 échalote
- 15 g de beurre
- 200 g de maroilles
- 10 cl de bière
- 10 cl de crème liquide
- 4 œufs
- Poivre

Épluchez et émincez finement l'oignon et l'échalote.

Dans une poêle, faites chauffer le beurre et faites suer l'oignon et l'échalote. Réservez-les.

Ôtez la croûte du maroilles et coupez-le en petits morceaux.

Dans une casserole, faites bouillir la bière, ajoutez la crème, le poivre et la moitié du maroilles. Laissez fondre le fromage et remuez pour obtenir une sauce onctueuse.

Préchauffez le four à 180 °C (th. 6).

Dans 4 ramequins individuels, répartissez la sauce au maroilles, puis l'oignon et l'échalote. Ensuite déposez les œufs entiers et mélangez très délicatement pour ne pas casser le jaune. Terminez par les morceaux de maroilles restants.

Placez les ramequins dans un plat à moitié rempli d'eau et enfournez pour 10 minutes de cuisson au bain-marie. Servez dès la sortie du four.

Conseil : préparez de petites mouillettes légèrement beurrées pour accompagner le plat.

Pain à la bière express

Préparation : 20 minutes • Cuisson : 45 minutes • Difficulté : ★ Budget : ★

Pour 6-8 personnes

- 250 g de farine blanche
- 250 g de farine complète
- 1 sachet de levure chimique
- 1 cuil. à café de sel
- 25 cl de bière blonde
- 1 cuil. à café de miel
- Beurre

Préchauffez le four à 180 °C (th. 6).

Dans un saladier, mélangez les farines avec la levure et le sel. Ajoutez la bière et le miel. Pétrissez la pâte avec les doigts pendant 5 à 10 minutes.

Beurrez un moule à cake et versez la pâte à pain.

Placez le pain au four pour 45 minutes de cuisson.

Démoulez à la sortie du four. Dégustez tiède ou froid.

Conseil : pour le conserver, pensez à enrouler ce pain dans un torchon.

Pain de viande à la bière

Préparation : 30 minutes • Cuisson : 1 h 10 • Difficulté : ★ Budget : ★

Pour 6 personnes

- 2 oignons
- 2 gousses d'ail
- 1 cuil. à soupe d'huile d'olive
- 1 œuf
- 1 cuil. à soupe de moutarde
- 1 cuil. à soupe de sauce Worcestershire
- 10 cl de lait
- 10 cl de bière blonde
- 3 tranches de pain de mie
- 700 g de viande de bœuf hachée
- Sel et poivre

Épluchez les oignons et les gousses d'ail. Émincez-les très finement.

Faites chauffer l'huile d'olive et faites blondir les oignons et l'ail. Réservez.

Dans un saladier, battez l'œuf, ajoutez la moutarde et la sauce Worcestershire. Salez, poivrez et mélangez. Versez le lait et la bière, ajoutez le pain de mie déchiqueté à la main, les oignons et l'ail.

Mélangez bien puis ajoutez la viande de bœuf hachée. Malaxez le tout délicatement avec vos mains.

Préchauffez le four à 180 °C (th. 6).

Formez un pain rectangulaire et placez-le sur une plaque de cuisson recouverte de papier sulfurisé (vous pouvez aussi utiliser un grand moule à cake).

Enfournez pour 1 heure de cuisson. Dégustez chaud ou froid.

Conseil : préparez une sauce au cheddar pour napper le pain de viande ; faites fondre du cheddar avec un peu de crème liquide.

Petites cocottes de fruits de mer à la bière

Préparation : 15 minutes • Cuisson : 35 minutes • Difficulté : ★ Budget : ★★

Pour 4 personnes

- 2 oignons
- 2 gousses d'ail
- Huile d'olive
- 400 g de fruits de mer
- 10 cl de bière brune
- 40 g de gruyère râpé
- 4 cuil. à soupe de chapelure
- Sel et poivre

Pour la béchamel
- 30 g de beurre
- 30 g de farine
- 50 cl de lait
- Noix de muscade
- Sel et poivre

Épluchez et émincez finement les oignons et les gousses d'ail.

Dans une grande cocotte, faites revenir à feu doux les oignons et les gousses d'ail dans un peu d'huile d'olive. Ajoutez les fruits de mer, versez la bière et laissez mijoter 15 minutes environ. Salez et poivrez.

Préparez la béchamel : dans une casserole, faites fondre le beurre à feu doux. Une fois le beurre fondu, ajoutez la farine et mélangez bien. La préparation doit se détacher de la paroi de la casserole. Retirez du feu. Versez le lait, mélangez puis replacez sur le feu et remuez sans arrêt jusqu'à épaississement de la sauce. Salez, poivrez et ajoutez un peu de noix de muscade en poudre.

Préchauffez le four en position gril.

Dans des petites cocottes individuelles, répartissez les fruits de mer, recouvrez de béchamel et parsemez de gruyère râpé et de chapelure.

Enfournez et laissez gratiner 5 minutes. Servez bien chaud.

Conseil : vous pouvez ajouter une brunoise de légumes (courgettes, céleri et carottes) dans le fond de chaque cocotte.

Petits flans de crevettes grises

Préparation : 20 minutes • Cuisson : 45 minutes • Difficulté : ★ Budget : ★

Pour 4 personnes

- 200 g de crevettes grises
- 2 échalotes
- 20 cl de bière blonde
- 3 œufs
- 25 cl de crème liquide
- 10 brins de ciboulette
- Sel et poivre

Épluchez les crevettes grises puis les échalotes et émincez ces dernières finement. Placez les crevettes et les échalotes dans une casserole avec la bière. Faites chauffer l'ensemble pour laisser l'alcool s'évaporer. Égouttez les crevettes et réservez.

Préchauffez le four à 150 °C (th. 5).

Dans un saladier, fouettez les œufs et ajoutez la crème et la ciboulette ciselée. Salez, poivrez puis mélangez.

Répartissez les crevettes dans des ramequins individuels et versez la préparation œufs-crème.

Placez les ramequins dans un grand plat rempli à moitié d'eau et enfournez pour 40 minutes de cuisson.

Laissez un peu tiédir avant de déguster.

Conseil : vous pouvez ajouter de la mimolette râpée à la préparation.

Pommes de terre à la bière et à la mimolette

Préparation : 20 minutes • Cuisson : 1 h 10 • Difficulté : ★ Budget : ★

Pour 6 personnes

- 1 kg de pommes de terre
- 3 oignons
- 40 g de beurre
- 200 g de lardons fumés
- 200 g de mimolette
- 25 cl de bière brune
- Sel et poivre

Épluchez les pommes de terre et coupez-les en rondelles pas trop épaisses.

Épluchez les oignons et émincez-les.

Dans une grande poêle, faites fondre la moitié du beurre et faites colorer les oignons et les lardons dans le beurre.

Dans un grand plat à gratin beurré, déposez les rondelles de pomme de terre, les oignons et les lardons. Salez, poivrez puis mélangez.

Préchauffez le four à 180 °C (th. 6).

Coupez la mimolette en petits morceaux et placez-les sur les pommes de terre. Versez la bière dans le plat, puis enfournez.

Laissez cuire 1 heure. Si le fromage cuit trop, placez une feuille de papier aluminium sur le dessus. Dégustez bien chaud.

Conseil : vous pouvez remplacer la mimolette par du maroilles, mais dans ce cas, n'ajoutez pas de sel.

Poulet mijoté à la bière et aux pommes

Préparation : 15 minutes • Cuisson : 1 h 15 • Difficulté : ★ Budget : ★

Pour 4 personnes

- 2 oignons
- 25 g de beurre
- 4 cuisses de poulet
- 25 cl de bouillon de volaille
- 25 cl de bière ambrée
- 3 pommes
- Sel et poivre

Épluchez et émincez les oignons.

Faites fondre le beurre dans une cocotte. Déposez les cuisses de poulet et saisissez-les. Salez et poivrez.

Ajoutez les oignons émincés, versez le bouillon de volaille et la bière.

Couvrez et laissez mijoter à feu doux pendant 30 minutes.

Épluchez et coupez les pommes en petits morceaux, puis ajoutez-les au poulet à la bière et poursuivez la cuisson pour 30 minutes supplémentaires. Servez la cocotte bien chaude.

Conseil : vous pouvez aussi ajouter des airelles au moment de cuire les pommes.

Quiche flamande

Préparation : 15 minutes • Cuisson : 50 minutes • Difficulté : ★ Budget : ★

Pour 6 personnes

- 6 blancs de poireau
- 2 cuil. à soupe d'huile d'olive
- 15 cl de bière blonde
- 1 rouleau de pâte brisée
- 3 œufs
- 25 cl de crème liquide
- 150 g de lardons allumettes
- Sel et poivre

Lavez et coupez en très fines rondelles les poireaux.

Faites chauffer l'huile d'olive dans une sauteuse et déposez-y les poireaux. Salez et poivrez. Faites suer les poireaux pendant 5 minutes environ, versez la bière et poursuivez la cuisson jusqu'à évaporation du liquide.

Préchauffez le four à 180 °C (th. 6).

Étalez la pâte brisée dans un moule à tarte recouvert de papier sulfurisé. Piquez le fond avec une fourchette.

Battez les œufs avec la crème, salez et poivrez.

Déposez les poireaux sur le fond de pâte, ajoutez les lardons allumettes et versez la préparation œufs-crème.

Enfournez et laissez cuire pendant 30 minutes environ. Dégustez la quiche chaude ou tiède.

Conseil : vous pouvez remplacer les lardons par des filets de poulet coupés en petits dés.

Rôti de porc à la bière

Préparation : 20 minutes • Cuisson : 1 h 35 • Difficulté : ★ Budget : ★★

Pour 4 personnes

- 2 cuil. à soupe d'huile d'olive
- 1 kg de rôti de porc
- 2 oignons
- 2 gousses d'ail
- 50 cl de bière blonde
- 250 g de rattes du Touquet
- 1 cuil. à soupe de Maïzena
- 100 g de crème fraîche épaisse
- Sel et poivre

Dans une cocotte, faites chauffer l'huile d'olive et faites-y dorer le rôti de porc. Salez et poivrez la viande.

Épluchez les oignons et émincez-les finement. Épluchez les gousses d'ail et écrasez-les.

Ajoutez les oignons et l'ail à la viande et faites-les blondir.

Versez la bière. Couvrez la cocotte et laissez mijoter pendant 1 h 15 environ.

À mi-cuisson, ajoutez les petites rattes du Touquet épluchées. Salez et poivrez.

En fin de cuisson, déposez dans un plat la viande et les pommes de terre.

Délayez la Maïzena dans un peu d'eau, mélangez et ajoutez la crème fraîche. Versez dans la cocotte et portez à ébullition pour faire une sauce onctueuse.

Nappez le rôti et les rattes de sauce. Servez aussitôt.

Conseil : vous pouvez servir le rôti de porc dans des cocottes individuelles.

Salade de chicons et vinaigrette à la bière

Préparation : 20 minutes • Difficulté : ★ Budget : ★

Pour 4 personnes

- 500 g de chicons
- 2 pommes golden
- 1 cuil. à café de moutarde
- 2 cuil. à soupe de gueuze
- 4 cuil. à soupe d'huile
- Sel et poivre

Coupez l'extrémité dure des chicons.

Lavez les chicons et coupez-les en deux dans le sens de la longueur, puis en lamelles.

Épluchez les pommes, ôtez le centre et coupez-les en fines tranches.

Dans un saladier, déposez les chicons et les pommes.

Préparez la vinaigrette : dans un bol, mélangez la moutarde et la bière. Versez l'huile sans cesser de mélanger. Salez et poivrez à votre goût.

Versez la vinaigrette sur la salade de chicons et pommes. Mélangez bien et servez aussitôt.

Conseil : parfait pour accompagner une quiche flamande.

Soupe à l'oignon et à la bière

Préparation : 15 minutes • Cuisson : 55 minutes • Difficulté : ★ Budget : ★

Pour 4 personnes

- 4 oignons
- 30 g de beurre
- 1 l de bouillon de volaille
- 33 cl de bière brune
- 1 gousse d'ail
- Sel et poivre

Épluchez et émincez finement les oignons.

Faites chauffer le beurre dans une casserole et faites-y suer les oignons.

Versez le bouillon de volaille, puis la bière. Salez, poivrez et ajoutez la gousse d'ail. Faites cuire à feu moyen pendant 45 minutes. Dégustez bien chaud.

Conseil : vous pouvez ajouter du fromage râpé et faire gratiner au four.

Souris d'agneau à la bière blonde

Préparation : 20 minutes • Cuisson : 1 heure • Difficulté : ★ Budget : ★★

Pour 4 personnes

- Beurre
- 4 souris d'agneau
- 10 gousses d'ail
- 4 échalotes
- 200 g de lardons fumés
- 6 feuilles de laurier
- 50 cl de bière blonde
- Sel et poivre

Préchauffez le four à 210 °C (th. 7).

Beurrez un grand plat. Placez-y les souris d'agneau. Salez et poivrez-les.

Épluchez les gousses d'ail et les échalotes. Coupez ces dernières en deux.

Placez dans le plat les lardons, l'ail et les échalotes ainsi que les feuilles de laurier. Versez la bière.

Dès que le four est bien chaud, enfournez le plat et laissez cuire 1 heure. Retournez les souris d'agneau à mi-cuisson.

Nappez les souris de sauce au moment de servir.

Conseil : vous pouvez servir ce plat avec une poêlée de légumes verts persillés.

Tarte au maroilles

Préparation : 15 minutes • Cuisson : 45 minutes • Difficulté : ★ Budget : ★

Pour 6 personnes

- 1 rouleau de pâte brisée
- ½ maroilles
- 10 cl de bière brune
- 25 cl de crème liquide
- 3 œufs
- Poivre

Préchauffez le four à 180 °C (th. 6).

Abaissez la pâte brisée dans un moule à tarte. Piquez le fond avec une fourchette.

Ôtez la croûte du maroilles et, dans un saladier, écrasez la pâte avec une fourchette. Ajoutez la bière, la crème liquide et les œufs. Poivrez puis mélangez l'ensemble.

Versez la préparation dans le moule et enfournez pour 45 minutes.

Dégustez chaud ou tiède avec une salade de chicons.

Conseil : vous pouvez réaliser des petites tartes individuelles pour un buffet.

Welsh au saumon fumé

Préparation : 15 minutes • Cuisson : 15 minutes • Difficulté : ★ Budget : ★

Pour 4 personnes

- 600 g de cheddar
- 4 cuil. à café de moutarde
- 15 cl de bière ambrée
- 4 tranches de pain de mie
- 4 tranches de saumon fumé
- Poivre

Préchauffez le four en position gril.

Dans une casserole, faites fondre le cheddar avec la moutarde et la moitié de la bière sur feu doux.

Trempez les tranches de pain de mie dans le reste de bière et posez-les dans le fond de ramequins individuels.

Déposez les tranches de saumon fumé sur le pain de mie et recouvrez avec le cheddar fondu. Poivrez et enfournez sous le gril environ 5 minutes pour faire dorer les welshs. Dégustez bien chaud.

Conseil : vous pouvez rester plus classique en remplaçant le saumon fumé par du jambon blanc ou du bacon.

Cake aux cerises et à la Kriek

Préparation : 15 minutes • Cuisson : 45 minutes • Difficulté : ★ Budget : ★

Pour 6-8 personnes

- 300 g de cerises
- 125 g de beurre mou
- 125 g de sucre
- 3 œufs
- 250 g de farine
- 1 sachet de levure chimique
- 10 cl de Kriek
- Sel

Préchauffez le four à 180 °C (th. 6).

Dénoyautez les cerises.

Dans un saladier, mélangez le beurre mou avec le sucre. Ajoutez les œufs, la farine, la levure et une pincée de sel. Mélangez. Versez la bière et mélangez de nouveau.

Ajoutez délicatement les cerises et remuez.

Versez la préparation dans un moule à cake beurré ou en silicone.

Enfournez et laissez cuire 45 minutes.

Démoulez à la sortie du four et laissez refroidir avant de déguster.

Conseil : vous pouvez varier cette recette en utilisant des framboises et de la Kriek aromatisée à la framboise.

Crêpes à la bière et sauce à la chicorée

Préparation : 15 minutes • Cuisson : 20 minutes • Difficulté : ★ Budget : ★

Pour 6 personnes

Pour la pâte à crêpes
- 10 g de beurre
- 3 œufs
- 25 cl de bière blonde
- 25 cl de lait
- 250 g de farine
- 2 cuil. à soupe de vergeoise
- Sel

Pour la sauce à la chicorée
- 50 cl de lait entier
- 2 jaunes d'œufs
- 30 g de sucre
- 2 cuil. à café de chicorée liquide

Faites fondre le beurre.

Dans un grand saladier, mélangez le beurre fondu avec les œufs. Versez la bière et le lait. Puis ajoutez la farine, le sucre et une pincée de sel.

Utilisez un batteur électrique pour rendre la pâte lisse et sans grumeaux. Réservez la pâte.

Préparez la sauce à la chicorée : faites chauffer le lait à feu doux.

Dans un saladier, fouettez les jaunes d'œufs avec le sucre puis versez le lait chaud et mélangez l'ensemble. Remettez le tout dans la casserole et placez sur le feu pour continuer la cuisson. Ajoutez la chicorée liquide et remuez jusqu'à ce que la sauce épaississe légèrement. Réservez alors hors du feu.

Préparez les crêpes en utilisant une crêpière beurrée.

Présentez les crêpes avec la sauce à la chicorée.

Conseil : pensez à réaliser des mini crêpes pour varier la présentation.

Gâteau à la bière ambrée

Préparation : 15 minutes • Cuisson : 1 h 05 • Difficulté : ★ Budget : ★

Pour 6-8 personnes

- 100 g de beurre
- 350 g de farine
- ½ sachet de levure chimique
- 150 g de vergeoise
- 100 g de poudre d'amandes
- 4 œufs
- 20 cl de bière ambrée
- Sel

Préchauffez le four à 150 °C (th. 5).

Faites fondre le beurre.

Mélangez la farine, la levure, la vergeoise et la poudre d'amandes.

Séparez les blancs des jaunes d'œufs, ajoutez les jaunes au mélange précédent puis la bière. Mélangez l'ensemble.

Montez les blancs d'œufs en neige ferme avec une pincée de sel et incorporez-les délicatement à la pâte à gâteau.

Versez la pâte dans un moule antiadhésif et enfournez pour 1 heure.

Démoulez à la sortie du four et laissez tiédir avant de déguster.

Conseil : vous pouvez réaliser un glaçage au chocolat pour les amateurs.

Gaufres à la bière et chantilly au spéculoos

Préparation : 10 minutes • Cuisson : 20 minutes • Difficulté : ★ Budget : ★

Pour 8 personnes

Pour la chantilly
- 25 cl de crème fleurette
- 3 cuil. à soupe de pâte de spéculoos

Pour la pâte à gaufres
- 33 cl de bière
- 50 g de beurre
- 250 g de farine
- 1 sachet de levure chimique
- 4 œufs
- 75 g de sucre
- Sel

Préparez la chantilly à l'avance. Dans une casserole, versez la crème fleurette et faites fondre à feu moyen la pâte de spéculoos. Versez la préparation dans un siphon, videz la cartouche de gaz, secouez et placez au frais pendant 1 heure.

Versez la bière dans un verre et laissez-la reposer 5 minutes pour évacuer l'écume.

Faites fondre le beurre.

Mélangez la farine avec la levure et une pincée de sel.

Dans un autre saladier, battez les œufs, la bière, le beurre fondu et le sucre.

Ajoutez progressivement le mélange farine-levure sans cesser de remuer. Mélangez jusqu'à l'obtention d'une pâte lisse et sans grumeaux.

Faites chauffer le gaufrier et réalisez 8 belles gaufres croustillantes.

Recouvrez chaque gaufre de chantilly et dégustez aussitôt.

Conseil : pour un effet doublement craquant, vous pouvez saupoudrer la chantilly de quelques spéculoos émiettés.

Pancakes à la bière et compotée de framboises à la gueuze

Préparation : 20 minutes • Repos : 1 heure • Cuisson : 30 minutes • Difficulté : ★ Budget : ★

Pour 6 personnes

Pour la pâte à pancakes
- 250 g de farine
- 1 sachet de levure chimique
- 40 g de sucre
- 2 œufs
- 20 cl de lait
- 20 cl de bière
- 2 cuil. à soupe d'huile
- Beurre

Pour la compotée
- 400 g de framboises surgelées
- 40 g de sucre
- 10 cl de gueuze framboise

Mélangez la farine avec la levure et le sucre. Ajoutez les œufs et mélangez.

Versez ensuite les liquides : le lait, la bière et l'huile. Fouettez afin d'éviter les grumeaux.

Laissez reposer la pâte 1 heure.

Préparez la compotée de framboises pendant ce temps. Placez les framboises dans une casserole avec le sucre. Laissez-les décongeler doucement à feu doux. Dès que les framboises sont décongelées, versez la bière et faites évaporer l'alcool en augmentant la puissance de cuisson. Réservez la compotée hors du feu.

Faites chauffer une poêle avec une noisette de beurre et faites cuire les pancakes un à un.

Servez les pancakes avec la compotée de framboises.

Conseil : préparez les pancakes au dernier moment, ils n'en seront que meilleurs.

Sabayon de fruits rouges à la Kriek

Préparation : 25 minutes • Cuisson : 15 minutes • Difficulté : ★ Budget : ★

Pour 4 personnes

- 250 g de fruits rouges frais
- 40 g de sucre glace
- 4 jaunes d'œufs
- 10 cl de crème liquide entière
- 10 cl de Kriek
- 60 g de sucre

Répartissez les fruits rouges dans 4 ramequins individuels. Saupoudrez-les de sucre glace et réservez.

Préchauffez le gril du four.

Préparez un bain-marie en portant légèrement à ébullition une casserole à moitié remplie d'eau.

Préparez le sabayon : dans un petit saladier (qui s'adaptera à la taille de la casserole pour la cuisson au bain-marie), mélangez au fouet les jaunes d'œufs, la crème liquide, la Kriek et le sucre.

Placez le saladier sur la casserole et à feu doux, fouettez énergiquement la préparation à sabayon afin que celui-ci épaississe.

Répartissez le sabayon sur les fruits rouges. Faites-les légèrement gratiner sous le gril et servez aussitôt.

Conseil : vous pouvez varier la recette en mettant des cerises à la place des fruits rouges.

Sorbet à la Kriek

Préparation : 10 minutes • Cuisson : 10 minutes • Congélation : 40 minutes • Difficulté : ★ Budget : ★

Pour 6 personnes

- 20 cl d'eau
- 200 g de sucre
- 25 cl de Kriek
- Le jus de 1 citron
- 1 blanc d'œuf

Faites bouillir l'eau avec le sucre afin d'obtenir un sirop.

Laissez refroidir le sirop puis incorporez la Kriek, le jus de citron et le blanc d'œuf. Fouettez énergiquement l'ensemble pendant 3-4 minutes.

Répartissez la préparation dans une sorbetière et laissez prendre pendant 40 minutes.

Dégustez aussitôt le sorbet ou placez-le au congélateur.

Conseil : vous pouvez servir le sorbet avec des crêpes ou des gaufres à la bière.